Ostergedichte

Christian Härig

Herstellung und Verlag:
BoD - Books on Demand, Norderstedt
ISBN 978-3-7357-8800-9

Vorwort

Die Ostergedichte in diesem Buch orientieren sich an dem Muster der „Härig´schen Reime". Grundsätzlich beruht ein Reim auf dem Gleichklang von Silben. Hier wird ein anderer Weg gewählt. Aufgeführt sind Gedichte und deren Reime, die ihre Faszination vor allem durch ihre Betonung erlangen und sich dafür die Elemente der ursprünglichen Reimvariationen zu nutze machen. Es kommt darauf an, den Leser oder Zuhörer in die Erwartung eines Reimes zu versetzen und diese nicht zu erfüllen. Dabei kann der „Reim" entweder durch ein Synonym beendet werden oder auch ein Wort, was den Sinn komplett aushebelt.

Beim Lesen oder Vortragen der Gedichte bzw. Reime ist darauf zu achten, dass anstatt der „---" eine kurze Pause zu setzen ist.

ooo   ooo   ooo

Osterausflug

Beim Frühstück an einem Sonntag Morgen,
reden wir mir den Kindern über die --- Ausflüge.

Es lacht die Sonne und es ist der Monat März,
da kommt uns der Einfall wir machen einen --- Waldspaziergang.

Sodann laufen wir auch gleich in den Wald hinein
und stolpern alle über einen --- Baum.

Nun liegen wir am Wegesrand
und sehen zugleich eine --- Hasenfamilie.

Die vielen kleinen Hasen,
haben ganz weiße --- Schürzen.

Das wundert uns gar sehr,
drum beobachten wir sie noch viel --- länger.

Die Hasen erzählen miteinander laut,
doch der Kleinste hat Angst das jemand --- sie entdeckt.

Sogleich hebt sich sein mahnender Finger
und flüstert: "seid ruhig ihr flotten --- Hasen!"

Erschrocken schauen alle auf,
beginnen mit einem Eier --- tanz.

Sie tanzen dabei mit Pinseln um Eier,
es ist wohl eine Hasen --- party.

Nach einer gefühlten Ewigkeit,
sind die Eier nicht mehr --- farblos.

Angemalt sind sie nun all,
und formen einen bunten --- Osterkorb.

Die Schürzen sind nun auch schon bunt,
die Bäuchlein dabei gar nicht --- dick.

Gefunden haben wir die Osterhasen,
zurück gehen wir ganz leis über den --- Waldweg.

Zu Hause sind wir wieder angekommen,
und von dem Ausflug stark be --- eindruckt.

ooo   ooo   ooo

ooo   ooo   ooo

Der Anfang

Es ist Ostersamstag nach dem Abendessen,
da hört man den Osterhasen --- nicht.

Der Osterhase versteckt leise,
die Ostereier, denn er ist --- schüchtern.

Von den Kindern unentdeckt,
werden die Eltern vom Hasen nicht --- vergessen.

Ostersonntag hat ein Kind ein Ei gefunden,
jetzt begibt sich die ganze Familie auf die --- Suchaktion.

ooo   ooo   ooo

ooo   ooo   ooo

Der freche Vater

Zwei Tage nach Karfreitag such ich ganz verbissen.
Doch wer hat in die Möhre ge --- sungen?

Beim Singen wurde die Möhre halb,
ich denke das war ein --- Hase.

Der Hase hat auch etwas zurück gelassen,
dass ist doch nicht zu --- glauben.

Froh etwas zu finden vom Hasen,
suche ich auch noch hinter den --- Linden.

Bald habe ich alles entdeckt,
nun werden die Kinder --- zum Frühstück geholt

ooo   ooo   ooo

ooo   ooo   ooo

Osterglöckchen

Schau dort sitzt etwas im Gras!
Das ist doch ein Oster --- glöckchen!

Sieht mit einem gelben Ohr,
über die grünen Grashalme --- hinweg.

ooo   ooo   ooo

ooo   ooo   ooo

Verwirrung

Wer hüpft mit schnellen Beinen?
Und muss dabei nicht --- laufen?
Auch dabei ist eine lange Nase!
Es ist ein --- Känguru!

ooo   ooo   ooo

ooo   ooo   ooo

Ostersonntag

Lauter bunte Eier in einem Nest,
es ist das schöne Oster --- frühstück.

Nach dem Frühstück geht es suchen auf dem Kamm,
Denn zum Mittag gibt es ein --- Gewitter!

Nach dem Regen heisst es dann,
beginnt die Suche von vorne --- neu!

ooo   ooo   ooo

ooo   ooo   ooo

Osterverstecke

Gelbe, rote, blaue Eier
heute ist die Oster --- party.

Zur Osterparty sind die Eier in einem Nest
und stecken hin und wieder --- im Gras.

Suchen musst du auch auf den Bäumen,
wie auch in den --- Gärten!

ooo   ooo   ooo

ooo   ooo   ooo

Für wen sind nur die Ostereier?

Die Hasen diskutieren wild.
Davon machen wir ein --- Foto!

Sie streiten über Ostereier.
Die sind für die Oster --- tage.

Die einen wollen bunte haben.
Doch die andern denken die stehlen dann die --- Ameisen.

Wie sie darauf kommen weiß man nicht,
bestimmt sind sie für dich und --- die anderen Kinder!

ooo   ooo   ooo

ooo   ooo   ooo

50 Tage

50 Tage noch, dann ist Pfingsten hier,
da gibt es hoffentlich --- Grillwetter.

Heute nun ist Osterzeit,
die Kinder machen sich zur Suche be --- kannt.

Im Garten finden sie gar viele Eier.
Es wird eine bunte Oster --- zeit.

ooo   ooo   ooo

ooo   ooo   ooo

Osterruhe

Ostern ist die Zeit zum Auferstehn.
Die Sonne scheint, der Wind wird --- ruhig.

Die Glocken läuten am Wall
Friede ist heut --- auf der ganzen Welt.

ooo   ooo   ooo

ooo   ooo   ooo

Flinker Osterhas

Lieber guter Osterhase,
nimm mich doch nicht auf die --- Schippe.

Immer bist du kurz nur da,
sagt zumindest meine --- Schwester.

Ich würde dich gern mal sehn,
drum werd ich dich nun suchen --- .

ooo   ooo   ooo

○○○   ○○○   ○○○

Geschichtenerzähler

Dort am Regenbogen in der Ferne,
ist ein Hase, den hab ich --- nicht gesehen.

Gesagt haben´s meine Eltern mir,
anscheinend tranken sie dabei --- Erdbeermilch.

○○○   ○○○   ○○○

ooo   ooo   ooo

Der Langschläfer

Ein Hase in der großen Welt,
ist manchmal auch ein kleiner --- Meister.

Muss er doch zur Osterzeit weit laufen,
und hat nur Ruhe im Heu --- wagen.

Hat er wieder Zeit für mehr,
ist er vom verstecken --- fertig.

Niemand wagt es ihn zu stören,
er wird auch niemanden --- sehen.

Tief und fest schläft er lang,
und nächstes Jahr fängt er wieder --- Fliegen.

ooo   ooo   ooo

ooo   ooo   ooo

Osterfeuer

Im Land verbreiten sich die Lagerfeuer,
alle sind sie bestimmt --- warm.

Drum rum stehen all die Menschelein,
sie beobachten das --- Osterfeuer.

ooo   ooo   ooo

ooo   ooo   ooo

Osterfest

Was hüpft denn da so weit?
Der Osterhase; er flüchtet vor der heiter --- en Ruhe!

Verteilt hat er Eier in der Welt.
Bekommen hat er dafür nichts, der --- Verrückte.

Gesammelt hat er sie beim Bauern,
der sucht die Eier nun hinter den --- Hühnerställen.

Gefunden hat er keine,
da bekommt der Bauer ganz flinke --- Arme!

Mit diesen sucht er verdammt schnell,
im Heuhaufen; solange es ist noch --- Tag.

Der Osterhase beobachtet ihn aus der Ferne und weiß,
der Bauer findet nix, da freut er sich sehr --- laut.

Vom Gelächter aufgeschreckt,
hat der Bauer den Hasen --- gesehen.

Nun weiß auch er was geschehen ist,
dies findet er großen --- Zirkus!

ooo   ooo   ooo

ooo   ooo   ooo

Das Ende

Ostermontag ist es nu,
langsam hat der Hase --- Schlafenszeit.

Vorher geht er an die Bar
und schläft dann bis zum nächsten --- Osterfest.

ooo   ooo   ooo

ooo   ooo   ooo

Der Brauch

So mancher schmückt den Osterbrunnen,
diesen Brauch leben zumeist die — Franken.

Geschmückt wird der Brunnen mit Blumen bunt,
der Brunnen ist oft — leer.

Nach Ostern wird er dann befreit vom Behang,
schon wirkt er wieder — frei.

ooo   ooo   ooo

ooo   ooo   ooo

Der Osterfuchs

Früher brachte einst der Osterfuchs die Eier!
Glauben das nur die --- Füchse?

Nein! Tatsächlich ist es so,
bis der Hase den Fuchs trat in den --- Bau.

Der ist nun berühmt am Ostertage,
das bringt den Fuchs gar jedes Jahr in --- Wallung.

Irgendwann, ist der Fuchs sicher da,
vertreibt er die Hasen und ist wieder --- im Mittelpunkt.

ooo   ooo   ooo

ooo   ooo   ooo

Frieden in der Welt

Zu Ostern gibt es einen Ostermarsch,
Viele wollen so sehr --- deutlich,
Für Frieden in der Welt agieren,
und das sehen auch die Herrscher die sie --- leiten.
Zu beeindrucken scheint es sie nicht.
Frieden ist vielerorts nicht in --- Reichweite.

ooo   ooo   ooo

ooo   ooo   ooo

Der Ostergrund

Ostern ist im Christentum nicht nur in Bayern
wo wir die Auferstehung Jesu Christi --- zelebrieren.

Der Sohn Gottes hat den Tod überwunden,
geblieben sind die --- Hoffnungen.

ooo   ooo   ooo

ooo   ooo   ooo

Osterspaß

Wie verrückte Ziegen,
rennen die Kinder um die --- Bäume.

Verzweifelt beginnt die Sucherei;
nach dem ersten Oster --- versteck.

Die Eltern lachen sich dabei ins Fäustchen,
und gehen dazu ins --- Gebüsch.

Da entdeckt der Papa das erste Osternest,
Und steckt sofort im Neste --- mit dem Fuss.

Dabei knirscht es noch,
schon haben die Kinder es gefunden im --- Busch.

ooo   ooo   ooo

ooo   ooo   ooo

Osterzeit

Mal bei Schnee und Eis,
Mal sind die Maiglöckchen schon am Blühen,
Mal ist es trüb und nass,
der Osterhase kommt ohne --- Stress.

ooo   ooo   ooo

ooo   ooo   ooo

Ein Osterreim

Ho Ho Ho,
der Osterhase macht uns --- essen.

ooo   ooo   ooo

ooo   ooo   ooo

Noch ein Osterreim

Der Osterhase ist heut schnell,
doch nur solange es ist --- Ostersonntag.

ooo   ooo   ooo